Inhalt

Mentoren als Karriere-Helfer

Kernthesen

Beitrag

Fallbeispiele

Weiterführende Literatur

Impressum

Mentoren als Karriere-Helfer

I.Zeilhofer-Ficker

Kernthesen

- Die Unterstützung eines Mentors ist heute oft ein entscheidender Vorteil bei der Realisierung von Karrieresprüngen.
- Um vor allem Frauen in ihrer Karriereplanung zu fördern, werden zunehmend firmenübergreifende Mentoring-Programme gestartet.
- Auch für soziale Projekte, schwer vermittelbare Azubis, Firmengründungen und viele andere Zwecke hat sich die "Lernpartnerschaft" mit erfahrenen Fach- und Führungspersonen als hilfreich erwiesen.

Beitrag

Wozu braucht man einen Mentor?

Menschen lernen durch Vorbilder. In allen Kulturkreisen der Erde ist es Sitte, den Kindern von Geburt an Paten an die Seite zu stellen, die in schwierigen Situationen helfen und evtl. zwischen Kind und Eltern vermitteln. Odysseus vertraute seinen Sohn einem väterlichen Freund, Mentor, an, bevor er in den Krieg zog. Deshalb wird im Geschäftsleben der Begriff "Mentor" dafür verwendet, wenn eine ältere, erfahrenere Person einem jüngeren Protegé für eine gewisse Zeit hilfreich zur Seite steht, um dessen Karriere zu fördern.

Wie eine kürzlich erfolgte Befragung von 600 Führungskräften ergab, wurde mindestens ein Drittel von einem Mentor in ihrer Karriere unterstützt. Diese Unterstützung zahlt sich aus: eine Studie in den USA ergab, dass durch einen Mentor geförderter Führungsnachwuchs 16.500 Dollar im Jahr mehr verdiente als Kollegen ohne Mentor.

Die Mentor-Mentee-Beziehung ist eine Lernpartnerschaft, die jungen Menschen bei der beruflichen und persönlichen Entwicklung weiterhelfen soll. Der ältere, erfahrenere Mentor gibt dabei seine erprobten Arbeits- und Führungsmechanismen an den Mentee weiter, er hilft Fehler zu vermeiden und wird Probleme auf dem Weg nach oben möglicherweise früher erkennen und aus dem Weg räumen können. Der Mentor ist Vorbild und emotionaler Beistand, er weiht den Protegé in die Karrierespielregeln ein. Eine der wichtigsten Mentoren-Aufgaben ist außerdem, dem Mentee "Sichtbarkeit" zu verschaffen. Der Mentor überträgt oder verschafft seinem Schützling Aufgaben oder Verantwortung, die ihn - erfolgreiche Durchführung vorausgesetzt - beim höheren Management bekannt machen. Das Bekanntmachen mit wichtigen Personen und das Knüpfen eines Netzwerks hilfreicher Kontakte ist oft der erste Schritt auf der nächsten Sprosse der Karriereleiter. [(1)](), [(2)]()

Was hat der Mentor davon?

Auch die Mentoren profitieren von der Partnerschaft. Oft hinterfragt der Mentee Entscheidungen des Mentors, übt konstruktive Kritik und hilft dem Mentor dadurch, sein eigenes Verhalten zu reflektieren und einzuschätzen. Aber der Mentor lernt auch, kritisches Feedback zu geben ohne zu verletzen. [(3)]()

Vielen Ruheständlern ist jeden Tag Gartenarbeit, Stricken oder Lesen nicht genug. Wie eine Umfrage kürzlich ergab, können sich 14 Prozent aller befragten Senioren im Ruhestand vorstellen, ihren Beruf ehrenamtlich wieder auszuüben. Damit gibt es in Deutschland ein Potenzial von rund 2,3 Millionen Menschen, die als Mentoren in Frage kommen. Gerade diese Menschen geben ihren Erfahrungsschatz gerne an junge Menschen weiter. In Amerika hat man dafür schon ein neues Schlagwort erfunden: productive aging (produktiv Altern). (4)

Mentoring wie?

Das klassische Mentoring entwickelte sich innerhalb von Unternehmen zwischen Vorgesetzten und einem talentierten Mitarbeiter, den der Chef gerne vorwärts bringen oder zu seinem Nachfolger ausbilden wollte. Diese Mentoring-Beziehungen waren durch gegenseitige Sympathie und Wertschätzung gewachsen und erstreckten sich oft auch auf den privaten Bereich. In den vergangenen Jahren wurden in vielen Firmen diese Mentoring-Beziehungen über Programme verordnet. Da aber in einer verordneten Beziehung die Vertrauensbasis nicht so stark wie in einer frei gewählten ist, endete die Unterstützung oft bei der Vermittlung von sachlichen Aspekten der Management-Arbeit. Cross-Mentoring über Firmen- oder Branchengrenzen hinweg hat den Vorteil einer objektiveren Beurteilung von Situationen von außen und öffnet womöglich neue Karrierechancen in anderen Unternehmen. (5)

Schulungen und Supervisionen sowohl für Mentor als auch Mentee sind in guten Mentoring-Programmen Pflicht und erleichtern das Kennenlernen und den Einstieg. (5)

Mentoring für Frauen

Wirtschaft und Politik sind sich einig: die Bundesrepublik braucht mehr Frauen in Management-Positionen, der Managerinnen-Anteil im Bundesdurchschnitt liegt nur bei acht bis elf Prozent. Doch gerade hoch-qualifizierte junge Frauen brauchen heutzutage oft einen Anschub, um ins Top-Management zu gelangen. Vor allem in großen Unternehmen haben es Frauen schwer, in die Spitze aufzusteigen, da die Karriere-Spielregeln oft nicht bekannt sind. Um dem Abhilfe zu schaffen, wurden verschiedenste Mentoring-Programme für Frauen initiiert. Das scheint auch dringend notwendig zu sein: während nur zwei von zehn Frauen einen

Mentor zum beruflichen Vorankommen nutzen, profitieren acht von zehn Männern von einer "Lernpartnerschaft". (2), (5)

Da Karriereplanung kein "Kaffeekränzchen" ist, gibt es mittlerweile eine ganze Reihe von lokalen aber auch übergreifenden Mentoring-Angeboten für Frauen, sei es für Frauen in der Politik, für Studentinnen vor dem Berufseinstieg, für Wiedereinsteigerinnen oder für die generelle berufliche Förderung von Frauen. (6), (7)

Firmengründung mit Mentor

Gerade Senioren im Ruhestand haben sich als die idealen Mentoren für junge Existenzgründer erwiesen. Sie helfen beim Aufstellen eines Business Plans, klopfen Geschäftsideen ab und finden Kapitalgeber für das neue Unternehmen. Bekannt geworden ist das Konzept über das Business-Angels-Netzwerk Deutschland, das sich ausschließlich der Gründerunterstützung widmet. Gar nicht so selten steigen die Mentoren bei vielversprechenden Neugründungen selbst als Geldgeber ein. (8)

Ähnlich funktioniert das Prinzip der Uni-Spin-offs: ca. 2.500 Studenten und Professoren wagen jedes Jahr den Schritt in die Selbstständigkeit. Professoren und wissenschaftliche Mitarbeiter der Hochschulen helfen bei der Ideenfindung sowie bei der Business Plan Erstellung. Auch beim Knüpfen wichtiger Kontakte können die Hochschulmentoren hilfreich sein. Es kommt sogar vor, dass ein Professor so begeistert von einer Idee ist, dass er gleich selbst mit einsteigt. In strukturell schwachen Regionen unterstützt auch das Bundesministerium für Bildung und Forschung Neugründungen von Studenten unter bestimmten Voraussetzungen. (9), (10)

Mentoren für Arbeitslose

Aus Großbritannien stammt die Idee des Begleitens von schwer vermittelbaren Arbeitslosen durch einen Mentor. Innerbetriebliche Mentoren helfen den neuen Mitarbeitern in den Anfängen der Tätigkeit und sollen der Gefahr des Abbrechens des Beschäftigungsverhältnisses rechtzeitig entgegen steuern. Ähnliche Programme gibt es in Deutschland bereits für junge Leute ohne Ausbildung. In der "Begleitenden Ausbildung" steht dem Auszubildenden ein Mentor zur Seite, der nicht nur mit dem Mentee sondern auch mit Schule und Ausbildungsbetrieb Kontakt hält, oft als Vermittler tätig ist, um so den Ausbildungserfolg zu sichern. (11)

Fallbeispiele

Frauen-Mentoring

Mentoring-Programme für Frauen gibt es mittlerweile viele. Das unternehmensübergreifende Programm "Cross Mentoring München" ist nach erfolgreicher Pilotphase mittlerweile in der zweiten Runde. Das internationale Frauennetzwerk "Business and Professional Woman" BPW hilft bei der Suche nach weiblichen Mentoren. (1) In Baden-Württemberg läuft ein Cross-Mentoring-Projekt, das Frauen aus unterschiedlichen Behörden und Firmen zum Erfahrungsaustausch zusammenbringt. (2) "Personal-Partnership" heißt das Mentoring-Projekt des nordrhein-westfälischen Frauenministeriums. (5)

In Rheinland-Pfalz betätigen sich mittlerweile 53 Politikerinnen verschiedener Parteien als Mentorinnen für den weiblichen Politik-Nachwuchs. Das Mentorinnen-Netzwerk Rüsselsheim hat es sich zur Aufgabe gemacht, Frauen in der Männerdomäne der naturwissenschaftlichen und technischen Berufe zu unterstützen. Die Beratungsstelle "Potenzial" in Offenbach konzentriert sich auf Mentoring-Partnerschaften für Wiedereinsteigerinnen und Migrantinnen. (6) Das Expertinnenberatungsnetz, das in sechs deutschen Städten vertreten ist, stellt Berufsanfängerinnen erfahrene Mentorinnen zur Seite. (7)

Unternehmensgründungen mit Mentor

Organisationen, die Mentoren für die Unternehmensgründung vermitteln, sind z. B. die "Aktivsenioren", die Organisation "Alt hilft Jung", das Business-Angels-Netzwerk Deutschland sowie der Senior-Experten-Service (SES). (8) Ein Universitäts-Spin-Off, das es an die Börse geschafft hat, ist die IDS Scheer AG, die 1984 als Spin-Off der Universität Saarbrücken von Professor Scheer gegründet wurde. Der Konzern beschäftigt 1.400 Mitarbeiter und erzielte 160 Mio. Euro Umsatz im letzten Geschäftsjahr. (9)

Der Mentor als Sozialhelfer

Seit 4 Jahren läuft im Kreis Groß-Gerau das Projekt "Begleitete Ausbildung" für junge Leute ohne Lehrstelle oder qualifizierte Ausbildung. Das Ergebnis zeigt, dass Mentoren den meisten Azubis helfen konnten, ihre Ausbildung doch noch abzuschließen. (14)

Einen ganz anderen Mentoring-Aspekt zeigt die Initiative "Startsocial". Diese Initiative von McKinsey, Gerling, Siemens Business Services und Pro Sieben Sat 1 Media unterstützt soziale Projekte finanziell, aber vor allem durch die Entsendung von ca. 200 Mentoren. Diese Mentoren helfen ehrenamtlichen Organisationen mit professionellem Know-how, vor allem aus den Bereichen Finanzierung, Strukturierung und Öffentlichkeitsarbeit. Die beteiligten Firmen erwarten sich neben der Imageverbesserung und einem gewissen Werbeeffekt auch die Erweiterung des Erfahrungshorizonts ihrer beteiligten Mitarbeiter. (13)

Weiterführende Literatur

(1) Deutsche Frauen sind machtlos
aus Lebensmittel Zeitung 11 vom 15.03.2002 Seite 077

(2) Schmid, Wieland, Nachhilfe für Frauen mit Karriereplänen, Stuttgarter Zeitung vom 06.07.02, S. 8

aus Lebensmittel Zeitung 11 vom 15.03.2002 Seite 077

(3) Riedler, Claudia, Mentor kann Frauen in Führung bringen, Oberösterreichische Nachrichten vom 05.06.02
aus Lebensmittel Zeitung 11 vom 15.03.2002 Seite 077

(4) Hense-Ferch, Sabine, Es muss nicht immer Gartenarbeit sein, Süddeutsche Zeitung vom 18.06.02, S. V2/18
aus Lebensmittel Zeitung 11 vom 15.03.2002 Seite 077

(5) Gschwilm, Ingo, Schub für den Karrieresprung, Kölner Stadtanzeiger vom 10.06.02
aus Lebensmittel Zeitung 11 vom 15.03.2002 Seite 077

(6) "Potenzial" vermittelt Mentoren Neue Beratungsstelle zur beruflichen Förderung von Frauen
aus Frankfurter Rundschau v. 06.06.2002, S.1

(7) Winckler, Katja, Karriereplanung ist kein Kaffeekränzchen, Süddeutsche Zeitung vom 18.06.02, S. V2/16
aus Frankfurter Rundschau v. 06.06.2002, S.1

(8) Beratung: Kostenlose Hilfsangebote Praxiswissen von alten Hasen, Deutsche Handwerks Zeitung, Heft 10, 2002, S. 14
aus Frankfurter Rundschau v. 06.06.2002, S.1

(9) Uni-Spin-offs - Wenn Studenten und Professoren Unternehmer werden
aus Venture Capital, Heft 6/2002, S. 21

(10) Förderung Gründernetzwerke helfen in der frühen Phase, Computer Zeitung, Heft 24, 2002, S. 25
aus Venture Capital, Heft 6/2002, S. 21

(11) Zur Zukunft zielgruppenspezifischer Arbeitsmarktpolitik in Deutschland - Anregungen aus der aktuellen "New Deal"-Praxis im Vereinigten Königreich -
aus arbeit und beruf, Heft 05, 2002, S. 129-132

(12) Gute Vorsätze gehen rasch über Bord Harzburger Managersymposium diskutiert Führung - Unternehmenskultur braucht Vorbilder, Stuttgarter Zeitung vom 13.07.02, S. 9
aus arbeit und beruf, Heft 05, 2002, S. 129-132

(13) Manager trifft Obdachlosen Die Initiative Startsocial bietet Sozialprojekten Business-Know-how zum Nulltarif - jetzt startet die zweite Runde des Wettbewerbs
aus FTD Financial Times Deutschland vom 24.05.2002, Seite 37

(14) Kreis Groß-Gerau Mentoren helfen Azubis erfolgreich
aus Frankfurter Rundschau v. 10.04.2002, S.4

Impressum

Mentoren als Karriere-Helfer

Bibliografische Information der deutschen Nationalbibliothek

Die Deutsche Nationalbibliothek verzeichnet diese Publikation in der deutschen Nationalbibliografie; detaillierte bibliografische Daten sind im Internet über http://dnb.d-nb.de abrufbar.

ISBN: 978-3-7379-1155-9

© 2015 GBI-Genios Deutsche Wirtschaftsdatenbank GmbH, Freischützstraße 96, 81927 München, www.genios.de

Alle Rechte vorbehalten. Dieses Werk ist einschließlich aller seiner Teile – z.B. Texte, Tabellen und Grafiken - urheberrechtlich geschützt. Jede Verwertung außerhalb der Grenzen des Urheberrechtsgesetzes bedarf der vorherigen Zustimmung des Verlags. Dies gilt insbesondere auch für auszugsweise Nachdrucke, fotomechanische Vervielfältigungen (Fotokopie/Mikroskopie), Übersetzungen, Auswertungen durch Datenbanken oder ähnliche Einrichtungen und die Einspeicherung und Verarbeitung in elektronischen Systemen.